AF413450

SÉ tu PROPIA Musa

EJERCICIOS DIARIOS PARA ENAMORARTE DE TU PROPIA FEMINIDAD

NINA MADSEN

Special Art Development

Sé Tu Propia Musa

Ejercicios diarios para enamorarte de tu propia feminidad

Nina Madsen

Hardcover ISBN: 9791255531326
support@specialartbooks.com
www.specialartbooks.com

Índice

Introducción

A lo largo de nuestra vida, se nos dice constantemente quién y qué debemos ser, hasta el punto de que nuestra verdadera naturaleza tiende a ser sofocada. Desde las redes sociales hasta la influencia de la sociedad, a menudo se nos dice que tenemos que estar en una relación para ser felices, estar rodeadas de otros para sentirnos realizadas, buscar el aprecio y la aprobación de fuentes externas y seguir un camino bien establecido para encontrar nuestra propia satisfacción.

Este libro no sigue en absoluto esa línea de pensamiento.

Creo que casi todo lo que necesitamos en la vida, desde el desarrollo de habilidades especiales hasta el crecimiento de la sabiduría y la fuerza, proviene de nuestro interior. Es la magia que poseemos lo que nos hace únicas. Y esto no solo es motivo de alegría, sino que también nos tranquiliza porque no tenemos que buscar lo que ya tenemos.

Cada persona es extraordinaria y la combinación de creatividad, esfuerzo práctico y autorreflexión puede sacar a la luz esta sencilla e innegable verdad: no hay mayor alegría ni mejor regalo que puedas ofrecer al mundo que ser tú misma de forma única e increíble.

En las siguientes páginas, aprenderás la alegría de saber quién eres realmente. Descubrirás por qué deberías pasar más tiempo contigo misma y cómo lo puedes hacer. Verás que cuidarte a ti misma te proporcionará la vitalidad que necesitas para ser mejor también con los demás. Te darás cuenta de que cultivar la admiración por ti misma es mucho más importante que recibir cumplidos de los demás. Aprenderás a hacerte amiga de ti misma, a respetarte, a agradecerte, a disfrutar y, sobre todo, a *quererte*. A lo largo del camino, adquirirás fuerza y confianza para regocijarte en la belleza de ser *tú misma*.

Primera parte: Ámate a ti misma

Capítulo uno

Sé tu propia musa

> Soy mi propia musa. Soy el sujeto que mejor me conoce. El tema que más quiero conocer.
>
> —Frida Kahlo

Si alguna vez has oído a un artista decir que necesita una musa, significa que necesita inspiración, algo que alimente su flujo creativo. A veces las musas son personas, pero a menudo, también son cosas, lugares o momentos. Las musas se presentan en innumerables formas: una conversación escuchada, una vista impresionante, una hermosa canción, un bello poema, o incluso un titular en las noticias. Estos elementos estimulan nuestra vena creativa, nos permiten expresarnos y nos hacen sentir *vivas*. Esas musas se cantan, se escriben, se pintan y se desean.

¿Y si la mejor musa es la que está dentro de ti? ¡Sí, tú!

La gente suele restar importancia a su creatividad, diciendo cosas como: "No soy una persona creativa". Entonces ya no dan rienda suelta a esa parte de sí mismos, pensando que la creatividad no es para ellos. Pero todo esto está mal. Cada uno de nosotras, por naturaleza humana, tiene la capacidad de crear y podemos aprovecharla si nos damos una oportunidad y nos tratamos como nuestra musa.

Piensa en la vida que has vivido, los recuerdos que has creado, las personas que has conocido, los lugares que has visitado, las relaciones que has desarrollado, las casas en las que has vivido y todo lo que has conseguido. Todo esto puede servir como una maravillosa fuente de inspiración. Independientemente de tu edad o experiencia, hay una historia en ti que espera ser contada, a veces incluso más que las palabras. Es el momento de mirar tu vida y profundizar en quién eres para descubrir cómo puedes utilizar tus poderes para ser una fuente de inspiración para ti y para los demás.

Pregúntate a ti misma

¿Cómo podría ser un cuadro que describiera mi vida? ¿Con qué colores, símbolos e imágenes?

....

....

¿Qué tipo de fuerza podría proporcionar a los demás?

....

....

¿Cómo afectaría al resto de mi vida?

....

....

¿Qué lecciones podría enseñar a quienes lo vean?

....

....

Sobre todo, ¿cómo me ha moldeado mi pasado a lo que soy hoy?

....

....

PONLO EN PRÁCTICA

Mientras reflexionas sobre estas preguntas, intenta aprender más sobre ti misma.

Echa un vistazo a quién eres hoy y/o a tu pasado y elige una parte de ti misma que te resulte más curiosa, pero, al mismo tiempo, menos comprensible.

Puede ser tu curiosidad general por la vida, tu habilidad con los números, tu introversión, tu amor por el rock, aquella vez que hiciste paracaidismo, aunque odias las alturas, tu aversión por ciertos alimentos, tu deseo de convertirte en una buena cocinera o tu profundo amor por la naturaleza.

- ¿Cuándo y dónde se originó esta aparición tuya?

....

....

- ¿Por qué?

....

....

- ¿Quién estaba presente y dónde tuvo lugar?

....

....

- ¿Cómo es o cómo quiere expresarse?

....

....

- ¿Por qué es una parte compleja de ti y cómo resalta tu singularidad?

....

....

Piensa en ello. Escríbelo.

Además, encuentra un objeto que te inspire. Puedes asistir a una feria de artesanía o hacer un *"armchair travel"* consultando sitios web como Etsy, Minted, Jungalow, Uncommon Goods, Animi Causa o Viva Terra. Sea como sea, tómate el tiempo necesario para buscar tu artículo. Una vez encontrado, colócalo en el lugar que sea exclusivamente tuyo y utilízalo para recordar los poderes de tu musa interior.

EJERCICIO CREATIVO

Dibuja un autorretrato que no capte tu reflejo en el espejo, sino los aspectos de ti misma que más te fascinen. No necesitas ser una artista brillante: ¡simplemente dibuja para aprovechar tu creatividad!

Si prefieres la fotografía, opta por una selfie.

Para entender mejor lo innovadora que puedes ser con este ejercicio, echa un vistazo a los autorretratos de los siguientes artistas:

- Sarah Lucas
- Cindy Sherman
- Frida Kahlo
- Tamara de Lempicka
- Jarusha Brown

Conclusiones

Las musas se manifiestan de diferentes maneras, pero la más convincente es la que está dentro de ti. Recuerda que tú eres tu propia maravilla. Profundiza para descubrir quién eres, por qué eres y qué te hace especial. Además, no hace falta ser fotógrafa o pintora, escritora o bailarina para expresar tu autenticidad. Simplemente escucha y "aléjate" de lo que se te ha revelado.

Capítulo dos

Sé la que te escuche

> "...nada suena tan bien al alma
> como la verdad.
> —Martha Beck"

Las mujeres solemos asumir muchas cosas y muchos confían en nosotras. Escuchamos a nuestras parejas, hermanos, amigos, hijos y colegas. Ofrecemos empatía y consejo, así como nuestro tiempo, pensamientos y energía.

Sin embargo, ¿con qué frecuencia nos detenemos y nos tomamos el tiempo de escucharnos a nosotras mismas? Tendemos a no prestar la debida atención

a nosotras mismas y, aunque a los demás les guste, nosotras sufrimos las consecuencias.

Como mujeres, queremos pasar tiempo con los demás y compartir nuestras vidas. Eso forma parte de nuestro ADN. Pero mientras disfrutamos de esas relaciones y queremos ayudar a las personas que queremos, al mismo tiempo, también queremos que nos escuchen. Puede que ya haya alguien que lo haga, pero ¿por qué no empezar a escucharse a sí misma?

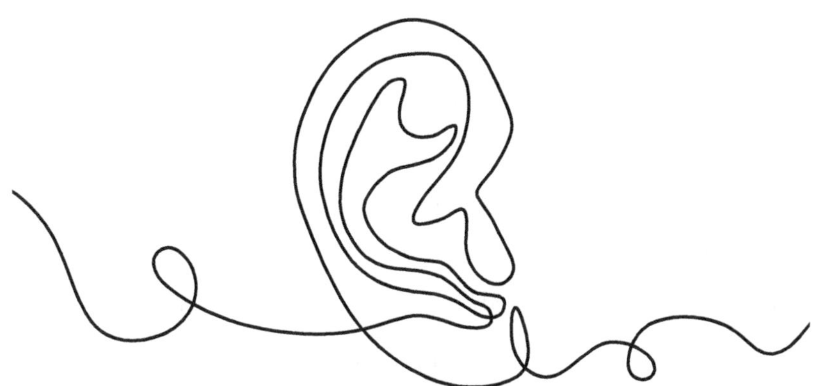

Todo se vuelve más claro cuando te relajas y silencias tu voz crítica interior. Lejos del ruido de los demás, puedes escuchar y hacerte amiga de tus ansiedades, entender lo que tus emociones tratan de decirte, reconectar con tu intuición y llegar a decisiones, tanto las menos importantes como las más significativas, basadas en tu sabiduría. ¿No suena genial?

Además, escucharte a ti misma revela tus creencias fundamentales. Cuando te encuentres con creencias muy arraigadas que te limitan, puedes hacer los cambios necesarios. Al escucharte a ti misma, también podrás predecir cómo te sentirás en cualquier situación, preparándote así para lo que te espera.

PONLO EN PRÁCTICA

Piensa en un problema que te haya molestado últimamente, quizás una discusión con un ser querido, un problema complejo en el trabajo o una decisión importante sobre tu carrera.

Dedica un tiempo de tu día a sentarte tranquilamente con esta preocupación. Asegúrate de estar en un lugar que te haga sentir cómoda y segura. Quizás

en tu habitación, en tu sillón favorito, en la iglesia o en el parque. Lleva un cuaderno y un bolígrafo, por si quieres anotar algo o reflexionar. Recuerda: esta es una forma maravillosa de aportar claridad a una situación.

Respira profundamente varias veces para encontrarte a ti misma. Deja que las voces de los demás, como tus amigos, colegas, tu jefe y tus padres, se desvanezcan. Si vuelven, concéntrate en tu respiración para que, junto con los latidos de tu corazón y los sonidos del entorno, sea lo único que escuches.

Una vez que te sientas tranquila, pregúntate:

- ¿Qué es lo que me preocupa?

  ....

  ....

- ¿Cuáles son los pros y los contras de las soluciones que me han dado otros o que he considerado?

  ....

  ....

- ¿Qué es lo que realmente quiero?

  ....

  ....

- ¿Qué es lo que realmente creo que hará que tome una decisión sabia?

  ....

  ....

- ¿Qué necesito?

  ....

  ....

- Imagina a la persona más sabia y compasiva de tu vida respondiendo a tus sentimientos y preocupaciones.

  ....

  ....

- ¿Cómo responderías?

  ....

  ....

- ¿Cómo te tranquilizaría eso?

....

....

- ¿Qué perspectivas te animaría a ver?

....

....

- ¿Qué puntos de vista negativos te instarían a apartarte?

....

....

- ¿Qué soluciones aportarías?

....

....

Abre un diálogo amable y comprensivo contigo misma, tanto a nivel interno como en tu cuaderno. Te ayudará a ganar empatía y comprensión.

EJERCICIO CREATIVO

Dibuja una imagen de una ola utilizando solo los contornos. Luego, tómate un tiempo para colorearla a tu gusto. Reflexiona sobre esta ola y lo que significa para ti.

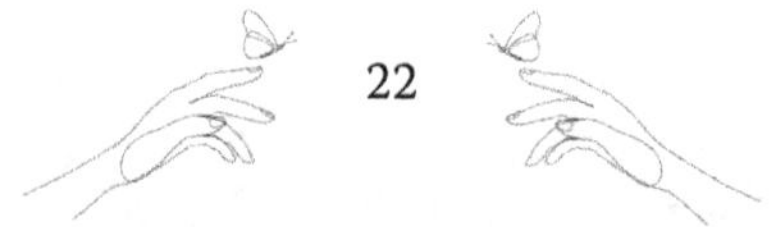

Recuerda el flujo de la vida. El poeta y erudito Rumi enseñó que "ningún sentimiento es definitivo". La vida es como el mar y flotamos en él, sintiendo los movimientos de las olas debajo de nosotras. A veces las olas son más grandes que otras, y a veces el mar está en calma. Reflexiona sobre esto: como una ola, tu ansiedad, sentimientos negativos y dificultades pasarán. Es posible que aparezcan otros sentimientos, pero recuerda que también hay momentos en los que todo irá sobre ruedas.

Conclusiones

Seguramente te has ganado tu sabiduría a pulso y por eso tienes un valor incalculable. Escúchate, lejos de las distracciones, porque esto te ayudará a reconectar contigo misma como nunca antes.

Capítulo tres

Sé tu propio progenitor sabio y cariñoso

> Pero, sobre todo, intenta ser la heroína de tu vida, no la víctima.
>
> —*Nora Ephron*

Las vidas ajetreadas pueden impedirnos cuidar de nosotras mismas. Como he dicho antes, las mujeres suelen dejar que otras cosas se interpongan en su camino antes de ocuparse de sí mismas.

El trabajo, las obligaciones sociales, las responsabilidades domésticas, los hijos, las relaciones, las veladas con amigos y los eventos exigentes: todo ello puede alejarnos de la salud y el bienestar. Puede que no durmamos bien, que comamos mal

o que abandonemos nuestro compromiso de hacer ejercicio. Muchos dejan de pedir consuelo y escucha, y se olvidan de relajarse y *descansar.*

La pirámide de necesidades de Maslow revela que, para alcanzar nuestro máximo potencial, primero debemos asegurarnos de que nuestras necesidades esenciales están cubiertas. Son la alimentación, el sueño, la hidratación, la conexión y la seguridad. Una vez que tenemos todo esto, podemos empezar a avanzar hacia los retos más diversos de las relaciones interpersonales, la promoción profesional y la consecución del propósito de nuestra vida.

Aquí es donde entras tú como progenitor sabio y cariñoso. Esta "persona" existe en todas nosotras, a veces como un susurro y, a veces, como un grito. Piensa en esta figura como una persona sobre tu hombro que te guía en la dirección correcta.

Esa voz nos dice cuándo tenemos que dejar una fiesta, por muy divertida que sea, para asegurarnos de que dormimos lo suficiente y no estar cansadas al día siguiente en el trabajo. Nos advierte de un peligro potencial, nos recuerda que debemos elegir la manzana en lugar del caramelo, e incluso, puede instarnos a tomar un baño caliente cuando estamos agobiadas y ansiosas.

Tu deber es reconectar con ese progenitor que llevas dentro. Probablemente ha permanecido oculto porque las tensiones de la vida te han distraído o las necesidades de los demás se han impuesto a las tuyas.

Ponlo en práctica

Examina tu vida e identifica qué aspectos básicos requieren más atención.

- ¿Necesitas dormir más o mejor?

....

....

- ¿Necesitas comer más sano?

  ....

  ....

- ¿Necesitas comer más verduras?

  ....

  ....

- ¿Te has acordado de tomar tus vitaminas?

  ....

  ....

- ¿Has ido al médico últimamente?

  ....

  ....

- ¿Te comportas bien contigo misma y dejas que tus errores te enseñen algo nuevo en lugar de hundirte?

  ....

  ....

- ¿Necesitas más risas en tu vida?

....

....

- ¿Necesitas pasar más tiempo con los amigos?

....

....

- ¿Necesitas salir a pasear para despejarte?

....

....

Escucha al progenitor sabio y cariñoso que llevas dentro y haz lo que te sugiere. Quién sabe, tu guía interior podría sorprenderte con algo de sabiduría.

EJERCICIO CREATIVO

Imagínate en un cuerpo más sano y con más energía. ¿Qué harías tú? ¿Correrías, nadarías, o simplemente sonreirías? ¿Cómo te sentirías? ¿Cómo te verías?

¿Necesitas inspiración? Busca en las fotos de tu teléfono o en un álbum una foto tuya de cuando te veías y te sentías bien descansada, cómoda y feliz.

Una forma de hacerlo es esbozar un dibujo, pero también puedes acostarte, cerrar los ojos e imaginarlo en tu mente. Sigues utilizando tu creatividad única incluso sin coger un lápiz.

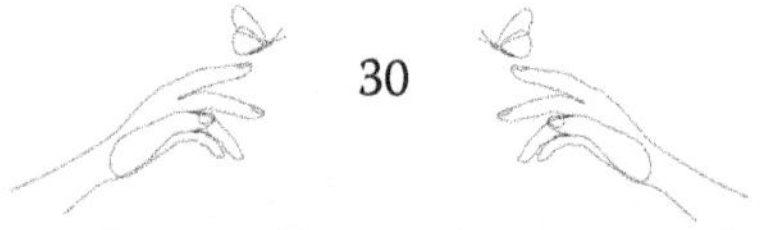

Conclusiones

El autocuidado es fundamental para la salud mental, física y psicológica. La vida está hecha para ser vivida y disfrutada. Aprender a cuidar de ti misma como progenitor solo te aportará mayor satisfacción, felicidad y respeto por lo que eres.

Capítulo cuatro

Sé tu propia cita

> **Mi madre me dijo que fuera una dama. Y para ella, eso significaba ser tu propia persona, ser independiente.**
>
> *—Ruth Bader Ginsburg*

Estar en compañía de otras personas es ciertamente divertido, pero la compañía de una misma puede ser definitivamente relajante y agradable. Cuando pasas tiempo de calidad contigo misma, aprendes mucho sobre ti. Esto incluye tus preferencias alimentarias, el momento del día en que te sientes más activa, incluso la velocidad a la que te gusta caminar. Te da la oportunidad de explorar actividades, alimentos y entornos que son nuevos para ti y llegar a una

conclusión no basada en las opiniones de los demás, sino en escuchar a tu corazón.

Cuando estás sola, puedes ser quien quieras ser. Aunque es liberador, la gente suele evitar estar sola porque tiene miedo de enfrentarse a ciertas situaciones. Quizá haya cosas de ti misma que no te gusten y no quieras pensar en ellas ni enfrentarte a ellas. O quizás la voz negativa en tu cabeza se hace más fuerte cuando estás sola. Pero eso es lo que tenemos que hacer a veces: quedarnos solas para recordar quiénes somos y qué tenemos que dar al mundo.

Aunque empezar a salir contigo misma te parezca aterrador, te prometo que será más fácil a medida que lo hagas. En este tiempo libre, puedes superar las dificultades que a menudo te han frenado. Puedes aprender a amar el aspecto de tu cuerpo, dejar de estresarte por tu cuenta bancaria, e incluso, perdonarte por algo que no has podido hacer durante mucho tiempo. Esto se debe a que este tiempo a solas, que es tan escaso, te da la oportunidad de estar realmente contigo misma y escuchar la voz fuerte y apasionada que hay en tu interior y que pide ser escuchada. Quédate sola y empieza a dejar de lado todo lo negativo y ámate a ti misma.

PONLO EN PRÁCTICA

Elige un lugar o una actividad que te entusiasme: un restaurante *elegante que haya* abierto recientemente, un evento único en el que la mayoría de las personas de tu círculo social no elegirían pasar una velada, pero que tenga un significado especial para ti, o simplemente una película que tengas ganas de ver.

- Prográmalo en tu calendario y hazlo tú misma.

- Prepárate como lo harías para cualquier cita eligiendo un *atuendo* divertido y sacando tu lado más alegre.

- Durante la cita, tómate una pausa para darte cuenta de cómo te sientes, sobre todo si estás probando una nueva comida o actividad, ya que todo lo que nos saca de nuestra zona de confort es como una auto-revelación.

- Una vez en casa, escribe en tu diario no solo lo que has hecho, sino también lo que te llevas de esta experiencia. ¿Cómo harías las cosas de forma diferente la próxima vez? ¿Qué te apetece experimentar ahora?

- Integra estos momentos de soledad en tu agenda hasta el punto de que se conviertan en parte de tu rutina o, tal vez, te inspiren para dar un salto mayor y viajar solo a algún lugar exótico.

EJERCICIO CREATIVO

Piensa en el escenario de tu cita perfecta. Dibújalo o crea una lista.

Puede ser una puesta de sol en la playa, un restaurante a la luz de las velas, un *autocine*, sentarse junto a una cascada. Puede ser un paseo por el parque con el perro, o incluso, una copa de vino en la terraza.

Puede tratarse de una serie de actividades o de un único acontecimiento memorable. Imagínate a ti misma en este entorno y siente la emoción de hacer exactamente lo que te gustaría dentro de este espacio. Adquiere la mentalidad antes de hacerlo en la realidad (¡sobre todo si es tu primera vez!).

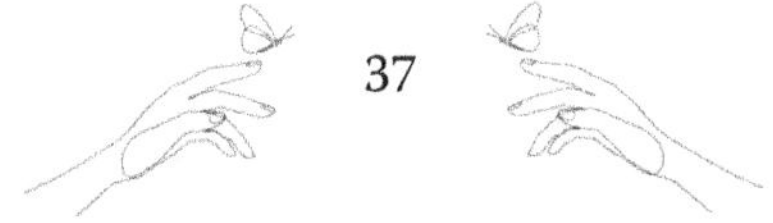

Conclusiones

Estar satisfecha con tu propia compañía puede ser tan instructivo y emocionante como enamorarse de otra persona. Puede ayudar a crear una nueva comprensión de quién eres realmente. Además, si no te gusta tu propia forma de ser, ¿cómo podrás gustarle a otra persona?

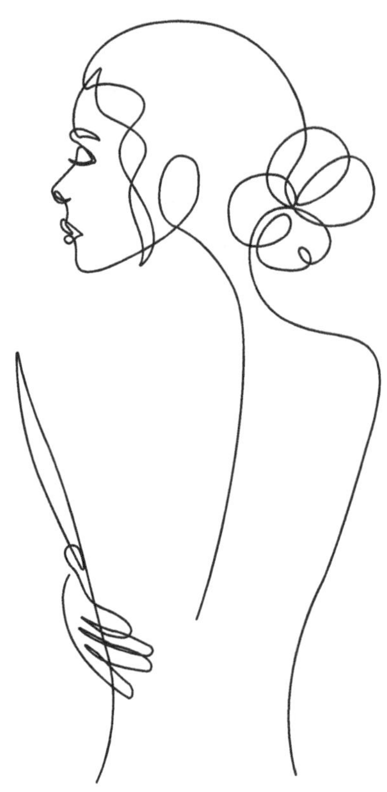

Segunda parte: Ama tu espacio

Capítulo cinco

Conviértete en tu propio chef personal

> *Una mujer es el círculo completo.*
> *Dentro de ella está el poder de crear,*
> *nutrir y transformar.*
> —*Diane Mariechild*

La mayoría de las mujeres que trabajan y tienen hijos piensan que no hay razón para dar mucha importancia a la alimentación si lo hacen solas. A menudo, comemos un bol de cereales fríos o pedimos una ensalada para llevar cuando no hay nadie más en la familia. O bien, no preparamos nada y nos limitamos a comer lo que ha sobrado del día anterior.

Aunque no está bien ni mal, aprender a cocinar para una misma y tomarnos nuestro tiempo, aumenta la autoestima y el respeto por una misma. De hecho, ser tu propio chef personal ofrece una serie de ventajas. Cocinar es una experiencia maravillosamente sensual, llena de sabores y olores que pueden aportar mucha felicidad.

Y darse un capricho con alimentos deliciosos y llenos de vitaminas y minerales esenciales es siempre una buena idea. (¡pregúntale a tu sabio y cariñoso progenitor!).

PONLO EN PRÁCTICA

Empieza a entusiasmarte. Si no sueles cocinar, haz cosas que te ayuden en la cocina. Tal vez tengas que comprar otros utensilios de cocina. Busca ollas y cucharas que te gusten, por ejemplo. Haz de tu cocina un lugar agradable para que puedas estar en ella cada vez más a menudo. Empieza por algo pequeño: no hace falta que sea una olla de cobre que cueste la mitad de tus ahorros, sino que encuentres una cuchara grande que te guste y te dé ganas de cocinar más a menudo.

Otra forma de entusiasmarse es ir al mercado que hay cerca de casa y comprar productos frescos, de temporada o que sean interesantes y te den placer. Aprende las mejores formas de cocinar y servir nuevos alimentos que quizá no hayas probado antes. Y si no tienes dinero para comprar muchas verduras, simplemente empieza con otro tipo. Si siempre comes zanahorias, prueba con la calabaza. Si no tienes remolachas rojas, prueba con las doradas cuando llegue el otoño.

Busca en Internet o en el recetario de tu abuela nuevas recetas y dedica una tarde a preparar una cena solo para ti. Tómate un tiempo en la cocina para no tener que hacerlo todo con prisas. Al igual que una comida cocinada con amor, esta experiencia debe saborearse.

Mientras cocinas, escucha una lista de reproducción o un podcast que te guste y haz una pausa para absorber las alegrías de la experiencia. Presta atención a los sabores y olores de lo que preparas y, si lo sientes, da las gracias internamente a las personas y al planeta que hacen posible estos alimentos.

Cuando estés lista para comer, busca un lugar tranquilo que sea solo para ti. Que sea cómodo y agradable. Y haz lo que quieras mientras comes; todo gira en torno a ti. La consideración que demuestres en este momento puede conducir a una mayor autoestima y servir de recordatorio de que te mereces cuidado, arte y elegancia.

EJERCICIO CREATIVO

Una cosa creativa que me gusta hacer a menudo es inventar una receta que nunca haya cocinado antes. Me gusta experimentar con alimentos que ya tengo en casa y ver si puedo preparar algo delicioso. De este modo, utilizas tu lado creativo y tienes la oportunidad de convertir la hora de la comida en una ocasión para honrarte a ti misma.

Conclusiones

Cocinar para ti es un aspecto más del cuidado que te mereces. Disfruta de tus aventuras contigo misma en la cocina y en otros lugares.

Capítulo seis

Conviértete en tu amante

> **"** Llevamos con nosotros el pasaporte a nuestra propia felicidad.
>
> —*Diane von Furstenberg* **"**

Cuando amas a alguien puedes sentir un gran placer, pero aprender a darte cariño a ti misma reforzará tu independencia y promoverá la auto-admiración. Y a todo el mundo le vendría bien un poco de eso. Pero, en realidad, puede ser difícil saber cómo quererse a sí misma de esta manera. ¿Cómo puedes mirarte a ti misma como lo haría un amante?

Hazte algunas preguntas. ¿Cómo te trataría idealmente tu amante? ¿Te haría cumplidos? ¿Te frotaría los pies? ¿Se ofrecería a pedir una pizza

para llevar o a poner tu película romántica favorita? ¿Te traería flores, adoraría tus peculiaridades que *te* hacen ser tú y te daría un masaje en la espalda hasta que te durmieras?

A excepción de esta última parte, eres libre y capaz de hacer todas estas cosas por tu cuenta. De este modo, puedes explorar tu capacidad de resistencia y tu dignidad de amor y ternura. A todo el mundo le vendría bien un poco de cariño, y aunque se nos da bien dárselo a los demás, demasiado a menudo nos olvidamos de nosotras mismas.

PONLO EN PRÁCTICA

Imagina una actividad que implique uno de tus cinco sentidos principales: un masaje, un postre gourmet, un baño, una galería de arte o un baile; elige alguno de estos. No pongas límites a tus ideas. Inclúyelo en tu vida para una experiencia sensual y solitaria.

Sin embargo, hay que tener en cuenta que ser el propio amante no significa gastar en comprar un perfume o darse un capricho con una porción de tiramisú. Puedes colmarte de afecto cada día de diferentes maneras:

- Con un automasaje;
- Acariciando tu cabello;
- Utilizar un aceite o una loción perfumada en la piel;
- Diciéndote lo mucho que te aprecias;
- Experimentar un tratamiento nutritivo de la piel;
- Darte un abrazo;
- Centrarse en un proyecto que te produzca placer, como leer una novela, pintar un cuadro;
- Crear un ritual relajante a la hora de dormir;
- Estirarse al levantarse por la mañana y dedicar los primeros momentos del día a analizar cómo te sientes y qué esperas conseguir;
- Escribir una lista de agradecimiento continua de lo que te gusta de ti misma y de los progresos que has hecho;
- Escuchar meditaciones guiadas;
- Utilizar un rodillo de espuma suave para relajar el cuerpo;
- Llevar un diario;
- Aceptar los errores que se han cometido en el pasado y utilizar estos pasos en falso como una forma de avanzar;

- Confirmar tus pensamientos y sentimientos y satisfacerlos con respuestas amorosas.

EJERCICIO CREATIVO

Dibuja tu postre favorito: un bol de helado, un trozo de tarta de queso, un cuadrado de tiramisú. Imagina el placer de comerlo. Vuelve a él cuando necesites recordar que la alegría es tuya. A veces, ¡solo tenemos que pensar en nuestro placer!

Conclusiones

Ofrecerte afecto a ti misma te empodera y también te hace *brillar*. Regálate el afecto de un amante y verás cómo aumentan tu felicidad y tu confianza.

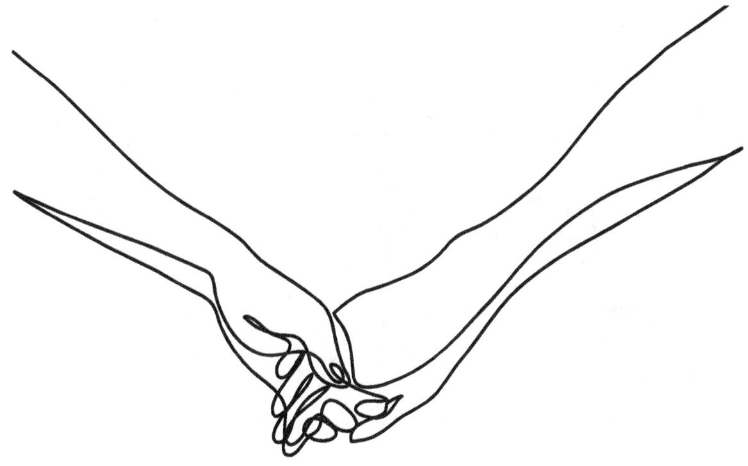

Capítulo siete

Sé tu propia fuente de luz

> "El valor empieza por mostrar
> y ser visto.
> —*Brene Brown*"

A menudo buscamos en los demás las cualidades que ya tenemos en nuestro interior. Al conocerte mejor, descubrirás que la energía y la luz que deseas no requieren más que encender la llama que llevas dentro. Sé tu propia fuente de luz mientras continúas tu viaje por la vida.

Ser tu propia fuente de luz significa tener el valor de mostrar tu verdadero yo a los demás. Se trata de tener la energía, la alegría y la confianza en la vida

que surgen de tu interior, en lugar de depender de los demás o de las circunstancias externas para superar los momentos difíciles.

Cada una de las actividades de este libro está diseñada para estimular esto, pero también puedes hacerlo literalmente. Esto significa salir y flexionar tus músculos artísticos.

PONLO EN PRÁCTICA

Para entrar en la mentalidad centrada en la luz, considera tu luz o momento del día favorito. ¿Es un amanecer suave, de colores suaves? ¿Una vívida puesta de sol? ¿Una tarde envolvente y lluviosa? ¿Por qué es tu fuente de luz favorita? ¿Qué dice de ti?

¿Necesitas indicaciones? He aquí algunos factores a tener en cuenta:

- La salida del sol puede significar una naturaleza alegre. Tiendes a ser optimista, con una visión positiva de la vida.

- El crepúsculo puede representar una personalidad serena. Puedes seguir la corriente y a menudo se te describe como fluida.

- La puesta de sol puede simbolizar un carácter fogoso; alguien que tiende a la aventura y a un estilo de vida activo.

- La medianoche puede revelar una personalidad tranquila y misteriosa y un profundo interés intelectual por el universo.

Sea cual sea tu momento, hazte un autorretrato con la cámara de tu teléfono para inmortalizarte en este contexto. Juega con las poses y los ángulos. Mira esta foto cuando necesites recordar que estás iluminada desde dentro.

EJERCICIO CREATIVO

Con lápices de colores, bolígrafos o ceras, crea un cielo con los tonos que más te gusten. O, simplemente, puedes comprar papel de colores en tonos que te tranquilicen o tonos que estén relacionados contigo. Córtalo en cuadrados. Llévalos contigo para que te recuerden la luz que llevas dentro.

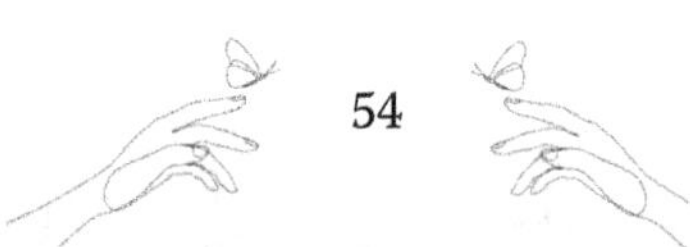

Conclusiones

Ser tu propia fuente de luz significa ser tu mejor recurso, amiga y fuente de energía. Saca a relucir tu energía y entusiasmo y emprende el camino hacia un futuro brillante.

Capítulo ocho

Conviértete en la favorita del profesor

> **La capacidad de aprender es la habilidad más importante que puede tener un líder.**
> —*Padmasree Warrior*

El aprendizaje no debe terminar en el momento en que la escuela termina y se obtiene el diploma. Por el contrario, varios estudios demuestran que el aprendizaje continuo es la clave de la felicidad y la longevidad. También combate el aburrimiento y la inactividad. Si amplías tu formación, desarrollas habilidades para futuras oportunidades, ayudas a mantener un cerebro sano y aportas nuevas ideas.

Puedes elegir qué asignaturas estudiar y qué habilidades aprender. ¿Quizá te licenciaste en matemáticas, pero siempre te ha gustado la botánica? Ahora es el momento de volver a pensar en esa pasión tuya.

En la era moderna, las posibilidades son prácticamente ilimitadas. MasterClass, por ejemplo, ofrece cursos en línea en una variedad de campos, desde la escritura de guiones a la marca personal, desde la cocina vegetariana moderna a la decoración de interiores. Las clases son impartidas por auténticos maestros como Joyce Carol Oates y Carlos Santana. Pero si eso no se ajusta a tu presupuesto, puedes consultar los cursos gratuitos que ofrece tu región o incluso una universidad cercana. También hay muchos en Internet.

Adquiere conocimientos en algo que te interese, no necesariamente algo que te ayude en tu profesión o que sirva a tu familia. La decisión de reunir nuevos conocimientos te dará una sensación de logro, al tiempo que mantendrá tu mente activa y feliz. Además, aprender más puede ponerte en contacto con nuevas personas en tu área de interés. Pueden ser personas que conozcas en clase y que quizás compartan tus mismos intereses. Estas nuevas conexiones aumentarán tu confianza mientras descubres nuevos mundos.

PONLO EN PRÁCTICA

Haz una lista de cinco temas que te interesen. Ya sea fotografía, música o español, inscríbete en un curso local o en línea que te enseñe uno o varios de estos conocimientos. ¿Prefieres profundizar en un tema que ya conoces? Considera la posibilidad de inscribirte en un programa de posgrado por puro *interés*. O ir a la biblioteca y dedicar tiempo a la lectura de libros sobre temas que te gustan.

Ejercicio creativo

Puede ser bastante difícil volver a estudiar después de un largo periodo o empezar si has dejado de estudiar. Para lidiar con la ansiedad y el miedo resultantes, escribe en tu diario. La formación continua puede ayudarte a ampliar tus horizontes y expandir tu vida. A menudo quieres hacerlo, pero el miedo te lo impide.

Echa un vistazo a estas anotaciones del diario (Jensen, s.f.) para empezar:

- ¿Qué es lo peor que puede pasar?

....

....

- ¿Qué es lo que realmente me asusta de la formación continua?

....

....

- ¿De dónde creo que viene este miedo?

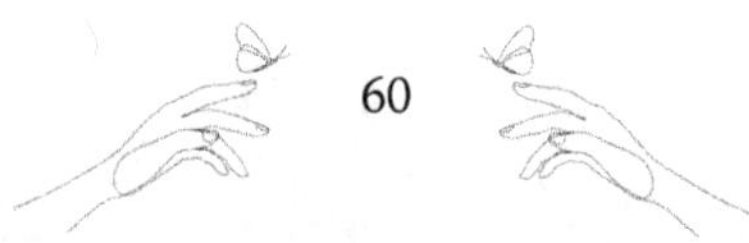

....

....

- ¿Cómo me sentiría si supiera que el resultado va a ser positivo?

....

....

Conclusiones

Aprender es un placer y también una parte esencial del progreso personal. Amplía tus conocimientos, así como tu confianza y seguridad en ti misma, dando ese primer paso hacia el progreso en tu educación, ¡porque lo disfrutarás!

Capítulo nueve

Sé tu propio manitas

¿Admiras la independencia de los demás? ¿Qué maravilloso sería que tú también pudieras desarrollar esas habilidades? Tanto si vives sola como con una familia, siempre debes saber cómo arreglar las cosas de la casa. Ese grifo que gotea o la estantería rota que has estado posponiendo pueden ser oportunidades únicas. Acepta estos retos y refuerza tu fe en ti misma como recurso fiable, incluso ahorrando algo de dinero. Además, esto te proporciona una manifestación tangible de tus esfuerzos. Es muy satisfactorio ver el progreso cuando invertimos tiempo en algo.

Puede que no sea para ti, pero probarlo puede enseñarte algo nuevo sobre ti misma. Si arreglas algo en la casa con éxito, puedes ser consciente de que dependes únicamente de ti misma. A veces, necesitamos sentirlo y *verlo*.

PONLO EN PRÁCTICA

Aprende a ser tu propio manitas. ¡No hay necesidad de depender de otros! Crea un kit de herramientas, con martillo, clavos, destornillador eléctrico, etc., y lee las guías. También puedes consultar vídeos en línea para ver tutoriales paso a paso que te ayuden a realizar pequeñas mejoras en el hogar cuando sea necesario.

EJERCICIO CREATIVO

Una forma de empezar es hacerlo en pequeña escala. Busca cosas que puedas reparar tú misma, quizá no empezando por un fregadero roto. Quizá tengas una cómoda que siempre has querido pintar de otro color. Pintar es un poco más fácil. Averigua qué necesitas repintar, encuentra los colores que más te gustan y ¡voilá! Tendrás un gran proyecto que es todo tuyo. Esto te dará confianza para pasar a tareas más difíciles e intrincadas en el futuro.

Conclusiones

Entender el funcionamiento de tu casa y tener las herramientas necesarias para hacer pequeñas reparaciones aumentará tu confianza. Tú puedes hacerlo. Todo lo que necesitas es el proyecto adecuado.

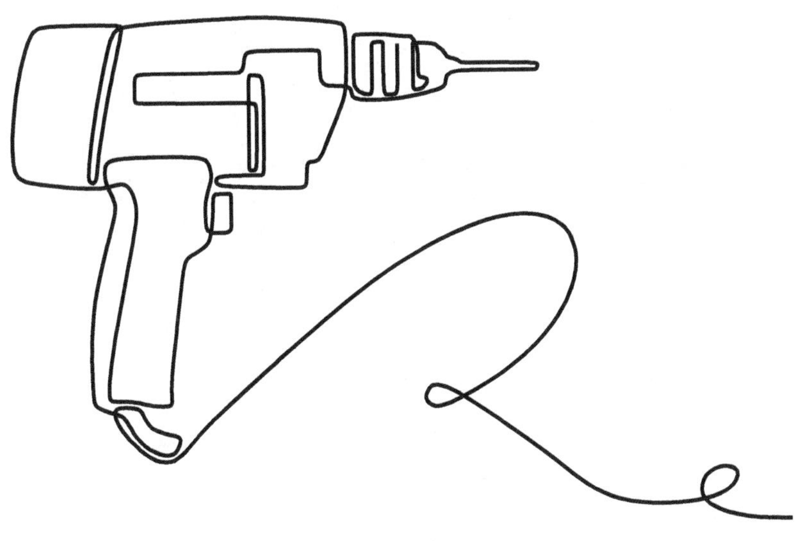

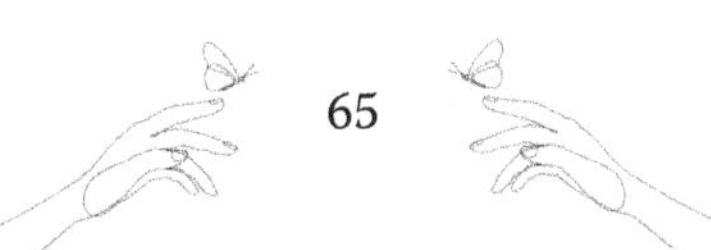

Tercera parte: Ama a tu empresa

Capítulo diez

Conviértete en tu propio gestor financiero

> "Haz un pacto contigo misma a largo plazo, como un amigo que te apoya en cada paso del camino.
> —*Tara Mohr*"

Quererse a una misma no solo hace la vida más agradable: los actos de autocuidado también previenen la enfermedad. Pero, ¿cuál es el elemento que a menudo se ignora?

Cuidar el dinero.

La razón por la que este tema se suele pasar por alto es porque hay muchas emociones en torno al dinero.

Los heredamos de nuestros padres o de las situaciones en las que crecimos. Nuestras experiencias pasadas con el dinero influyen en cómo lo manejamos en el presente. Y eso no siempre es bueno.

No te preocupes por tus sentimientos sobre el dinero. La abundancia o la carencia, o el deseo de tener más, no importa. Esta es la verdad: el dinero no es bueno ni malo, sino un hecho de la vida. Tienes que controlarlo para que te ofrezca una sensación de orden, plenitud y control.

Cuando superas tus miedos financieros, desbloqueas una nueva forma de autonomía. Una vez que tu dinero está bien gestionado, eres libre para disfrutar más de la vida y conocerte a ti misma a un nivel más profundo y amoroso. También podrás permitirte las necesidades que contribuyen a una vida larga y alegre, desde comprar alimentos saludables hasta dar prioridad a tu salud sobre tu presupuesto.

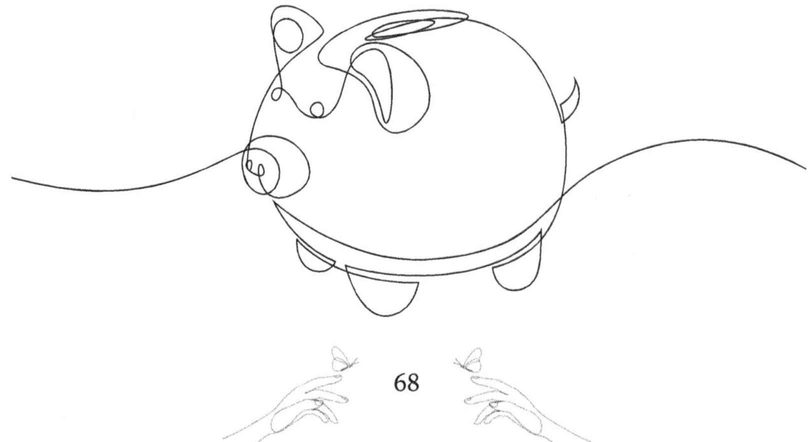

PONLO EN PRÁCTICA

Establece tu situación financiera enumerando tu flujo de caja, facturas, gastos, deudas e inversiones. Determina qué puedes hacer para asegurarte un futuro económicamente estable o *próspero*.

....

....

....

....

EJERCICIO CREATIVO

Sé que el dinero no siempre se presta a la creatividad. De hecho, a algunos les pone francamente nerviosos. Pero puedes ser creativa soñando con cosas que imaginas en tu futuro. Cosas que podrías querer o necesitar. Siéntate, relájate y deja que tu mente vuele con ideas.

A continuación, elabora un esquema de todas las cosas o servicios que podrías querer comprar. Tal vez un viaje a España o un nuevo par de zapatillas para

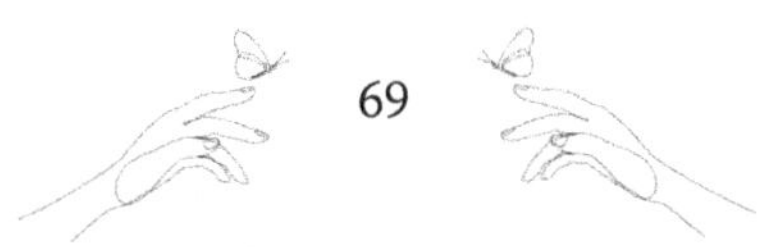

correr con el que le has echado el ojo últimamente. Sea lo que sea, un esquema puede ayudarte a "seguir el premio" y motivarte para alcanzar ese objetivo de ganancias.

Otro ejercicio que puedes hacer es llevar un diario de tus gastos. No se trata solo de llevar un control de las finanzas, sino que lo que la gente gasta en dinero dice mucho de sí misma. Por ejemplo, puede que te hayas gastado sesenta euros en una noche de fiesta con amigos, pero que luego solo te hayas gastado diez euros para ir a tu "cita en solitario". ¿Qué te dice eso?

Conclusiones

Las finanzas suelen estar fuera del ámbito del autocuidado, pero tener suficiente dinero para pagar las facturas, realizar actividades placenteras, ahorrar para las emergencias y el futuro, y hacer grandes compras te da una sensación de seguridad y control sobre tu vida.

Capítulo once

Sé tu propio agente de reservas

> Habla contigo misma como lo harías con un ser querido.
>
> —*Brene Brown*

Los agentes que ayudan a los autores, deportistas y actores tienen la capacidad de apoyar a otros. Conocen bien a sus clientes y no tienen reparos en dar a conocer sus talentos y logros. De hecho, es una parte vital de la descripción de su trabajo.

Por muy maravilloso que sea escuchar a otra persona presumir de sus habilidades, ten en cuenta que tú también tienes ese poder. Todo lo que tienes que hacer es conocer y poseer tus dones, que te darán

la fuerza necesaria para enfrentarte a situaciones difíciles, a una entrevista de trabajo, a una cita mostrando confianza, a probar cosas nuevas y, al final, a mantener la cabeza alta.

PONLO EN PRÁCTICA

Escribe cinco características notables de ti misma. Puede llevar algún tiempo, especialmente si no estás acostumbrada a pensar en ti misma de esta manera. No te preocupes. Tómate el tiempo que necesites.

....

....

....

....

....

Tus habilidades pueden ser una voz perfecta para cantar, amor por la naturaleza, la capacidad de recordar cumpleaños, un amor por la ficción histórica, una comprensión única de los animales o cualquier cosa que destaque en ti.

¿Necesitas inspiración?

Recuerda los cumplidos que has recibido, los testimonios de los clientes, las palabras que tus amigos cercanos utilizan para describirte, o incluso los mensajes positivos que otros han escrito sobre ti en las redes sociales. Resume estos cumplidos en una lista de rasgos o habilidades.

....

....

....

....

....

Junto a cada elemento, enumera las formas en que utilizas este talento. Si está infrautilizado, imagina cómo podrías utilizarlo mejor. ¿Cómo puedes exhibirla más a menudo y utilizarla de forma positiva que guste a los demás?

Guarda esta lista en un lugar especial y consúltala cuando necesites recordar tu maravilla. Nadie carece de grandeza. Todos lo tenemos.

Ejercicio creativo

Haz un esquema de cada una de las cinco cualidades que has identificado.

Puede ser un símbolo musical para representar tu voz, una planta para mostrar tus habilidades de jardinería, una vela de cumpleaños para simbolizar tu memoria, un libro para mostrar tu pasión o un animal que adores.

Sé creativa o directa ¡Estas imágenes representan las contribuciones que tienes que hacer! No los escondas. Guárdalos en un lugar donde puedas verlos todos los días, para que siempre te recuerden tus cualidades únicas. No dudes en actualizarlos cuando descubras nuevas facetas de ti misma.

Conclusiones

Todos necesitamos a alguien que nos cubra las espaldas. Deja de esperar a que alguien lo haga por ti. Tienes todo lo que necesitas para defenderte y apoyarte en lo que quieras hacer.

Capítulo doce

Sé tu propio apoyo

Tener un amigo o familiar al que llamar en los momentos difíciles ayuda mucho. Pueden abrazarte, aconsejarte, tranquilizarte o simplemente escucharte. Algunos de ellos incluso reconocerán el momento perfecto para darte un pañuelo, sacarte de una mala situación y sabrán qué sabor escoger cuando quieran compartir una tarrina de helado contigo. Como somos seres humanos, necesitamos a otras personas, sobre todo cuando pasamos por momentos difíciles. Es importante tener a alguien en tu vida que te apoye.

Al mismo tiempo, actúa como tu mejor amiga, tu confidente más cercana, y ese apoyo te recordará que puedes manejar los imprevistos de la vida. Hazte fuerte para apoyarte a ti misma y te sorprenderá lo que serás capaz de hacer. Aunque queramos rodearnos de personas que aporten valor a nuestra vida, no siempre las necesitamos. Por ejemplo, no necesariamente tienen que ser ellos los que nos digan que podemos superar los momentos difíciles.

No importa si es un mal día, un mal mes o un mal año. Puedes manejar esto con una gran dosis de amor propio, comprensión y pequeños mimos. Recuerda que eres tu propio aliado. Al fin y al cabo, al vivir contigo misma, debes ser capaz de depender de ti misma.

PONLO EN PRÁCTICA

Crea un kit de "apoyo" concreto que puedas utilizar cuando tengas un mal día.

Incluye un paquete de pañuelos de papel, un mensaje cariñoso de ánimo para ti, una barra de chocolate negro, una vela aromática, un libro o una foto que te guste, un diario para anotar tus pensamientos

y sentimientos, y una lista de canciones y películas que te reconforten. Llena un mini bloc de notas con las afirmaciones que sabes que te ayudarán a salir de una espiral y añádelo a tu kit. Al igual que tener un espacio seguro al que escapar, este kit puede darte el impulso que necesitas y apoyarte en momentos de estrés.

EJERCICIO CREATIVO

Escribe una carta al tú del pasado que estaba pasando por un momento difícil. Anímate y explica cómo vas a afrontarlo. Cuando vuelvas a pasar por un momento difícil, siempre puedes releer esta carta y entender cómo te has ayudado a ti misma.

Conclusiones

Hay momentos en la vida en los que tu mayor consuelo eres tú misma. Tener a otras personas a tu lado es estupendo, pero no olvides que el mayor apoyo para ti eres tú misma.

Capítulo trece

Conviértete en tu entrenadora

Entrenadores personales, entrenadores de vida, ese amigo que te convence de dar siempre lo mejor de ti, estas personas, además de otras, pueden ayudarte a crecer. Te empujan a nuevas alturas y te recuerdan tu grandeza. Te hacen seguir adelante incluso cuando sientes que no tienes nada que dar.

El secreto, aunque no lo creas, es que eres absolutamente capaz. Gran parte de lo que consigues física o mentalmente depende de tu estado de ánimo. Si estás en el ánimo correcto, verás un sinfín de cosas

que puedes hacer con o sin el apoyo de alguien. Utilizando palabras de aliento, tú también puedes evocar al entrenador que llevas dentro. Si lo haces con regularidad, sentirás una mayor conexión contigo misma y una mayor confianza en ti. Esta es otra forma en la que puedes ser tu propio apoyo, pero esta vez eres más una entrenadora que grita instrucciones e indicaciones mientras realizas la actividad. Dite a ti misma: "¡Puedes hacerlo!" con convicción.

Esta práctica puede ayudarte a calmar las voces negativas que tan a menudo están en nuestra cabeza y nos dicen que no podemos hacer algo o que no somos lo suficientemente fuertes. Un entrenador nunca diría esto, así que tú tampoco deberías decírtelo a ti misma. Anímate con afirmaciones positivas y lograrás tus objetivos.

PONLO EN PRÁCTICA

Elige un juego o un ejercicio que puedas hacer por tu cuenta. Tal vez yoga, natación, una carrera o un paseo en bicicleta. Anímate con cariño a superar tu marca personal.

- Si te gusta hacer el ejercicio de la plancha, por ejemplo, cronométrate. La próxima vez que lo hagas, intenta mantener la posición durante treinta segundos más.

- Si quieres hacer yoga, busca una clase más energética en Internet o en tu zona, o dedica una hora más a la semana a esta actividad.

  Si te gusta nadar, intenta hacerlo al menos cinco veces por semana.

- Si lo que prefieres es la bicicleta de montaña, busca una ruta nueva y desafiante.

Durante estas experiencias, anímate a conseguir tus objetivos con afirmaciones positivas. Siempre podemos mejorar. Aunque puede ser estresante para algunos, en realidad es lo que pone ese toque extra a nuestras actividades. Siempre podemos mejorar.

Ejercicio creativo

Crea un plan para algo en lo que quieras mejorar. Si se trata de algo fitness, crea una pizarra que te anime a seguir adelante incluso cuando las cosas se pongan difíciles. También puedes crear un mapa de objetivos para hacer un seguimiento de tus metas a medida que

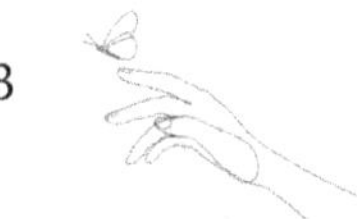

las vas alcanzando (por ejemplo, marcar tus tiempos y objetivos para cada ejercicio).

Registra tus éxitos y tu crecimiento para ver realmente los cambios que se producen con el tiempo. Esto te animará a seguir adelante, como lo haría un entrenador.

Conclusiones

Ser tu propia entrenadora te da la oportunidad de cambiar la voz negativa de tu cabeza y ofrecerte mensajes y consejos positivos.

Capítulo catorce

Conviértete en tu propia estilista

> El carácter es tu belleza; el estilo es tu fuerza.
> —Debasish Mridh

Lo que crea la moda es tan subjetivo como lo que hace notable a una obra de arte. Es probable que te sientas atraída por estilos acordes con tu personalidad y estilo de vida. ¿Sueles llevar pantalones de yoga y zapatillas de tenis? Lo más probable es que seas una persona activa. ¿Te gusta ir a las tiendas de segunda mano para encontrar artículos vintage? Es la llamada de tu cazadora de tesoros interior. ¿Te atraen las líneas clásicas? Puede que seas una persona más refinada.

Sea cual sea tu preferencia, *tú eres tú,* y eso es lo que cuenta. El estilo es una forma de mostrarse al mundo con tus verdaderos colores.

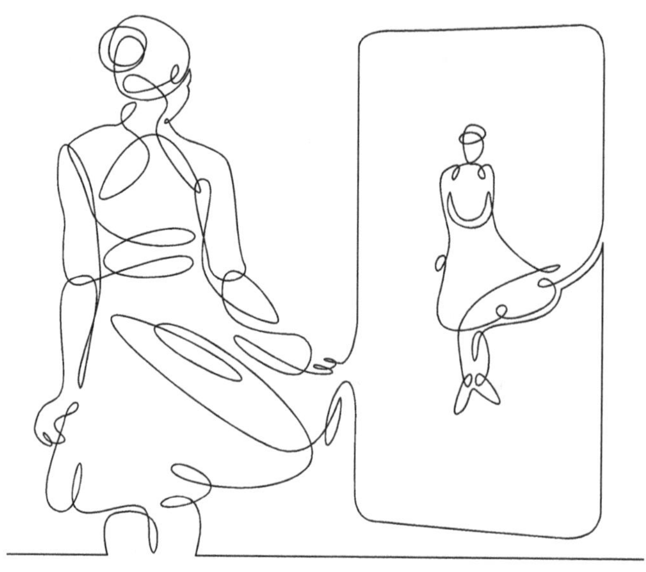

PONLO EN PRÁCTICA

Todos tenemos un conjunto bonito o un conjunto que nos anima. ¿Qué te hace sentir imparable? ¿Falda lápiz y tacones de aguja o vestido de verano y sandalias? Sea lo que sea, compra con el objetivo de encontrar artículos que te hagan sentir bien contigo misma. Escoge zapatos o accesorios que realcen el look y te den un plus de confianza.

EJERCICIO CREATIVO

Diseña tres prendas que expresen tu personalidad. Utiliza los colores que prefieras. Ten en cuenta el significado de estos colores y cómo pueden mejorar tu bienestar:

- Rojo — Pasión y energía
- Amarillo — Alegría y optimismo
- Naranja — Energía y estimulación
- Verde agua — Paz y claridad
- Marrón — Estabilidad y naturaleza
- Gris — Misterio y fluidez
- Azul — Confianza y serenidad
- Púrpura — Lujo e imaginación
- Lavanda — Amor y gracia
- Rosa — Calidez y alegría
- Verde — Armonía y prosperidad
- Negro — Fuerza y sofisticación
- Blanco — Esperanza y sencillez

Además, prueba el reto del armario: echa un vistazo a la ropa que tienes en tu armario y ten en cuenta esta nueva información sobre el color. Piensa en

qué parte de lo que tienes refleja realmente quién eres y qué imagen quieres mostrar al mundo. Haz lo posible por deshacerte de al menos cinco cosas que no encajen en este sistema de colores y significados y sustitúyelas por prendas que tengan un significado y reflejen quién eres.

Conclusiones

Vístete para ti y solo para ti. Aunque está bien seguir la moda, piensa en lo que quieres llevar, lo que te hace sentir bien y lo que expresa quién eres realmente.

Cuarta parte: Ama tu espíritu

Capítulo quince

Conviértete en tu pareja de baile

<blockquote>
No intento bailar mejor que nadie.
Sólo intento bailar mejor que yo mismo.
—*Arianna Huffington*
</blockquote>

Bailar significa muchas cosas. Es un ejercicio, un arte, una expresión personal, y es simplemente divertido. Ya sea en un salón o en un estudio de danza, el baile mejora la autoestima, aumenta la confianza y, cuando se hace en grupo, ayuda a crear vínculos sociales. A muchas personas les resulta un poco estresante, un poco como hablar en público, porque lo ven como una actuación ante los demás; o están ansiosos por dar todos los pasos correctamente para ser considerados un "buen bailarín".

Pero bailar no significa necesariamente mostrarse a los demás. Es una actividad similar al arte, y es una forma increíble de expresarse sin miedo a ser juzgada, especialmente cuando se baila sola. ¡Y este es mi reto para ti!

PONLO EN PRÁCTICA

No te preocupes, no hace falta que conozcas ningún movimiento específico para sacar algo especial de la danza. Utiliza una aplicación o página web de música gratuita para encontrar las canciones adecuadas y crea una lista de reproducción con tus favoritas para bailar.

Aquí hay algunas:

- "Rosas" por SAINt JHN
- "Dancing Queen" de ABBA
- "Stayin' Alive" de los Bee Gees
- "Just Dance" de Lady Gaga

Prepara la casa, baja las luces y baila como si no hubiera un mañana. Se puede bailar desde el hip-hop hasta la danza del vientre; desde la danza africana hasta el ballet clásico.

¿Quieres aprender algunos pasos nuevos? Consulta los tutoriales en línea o asiste a una clase en tu zona. Mantén la mente abierta: quién sabe, puede que te enamores de algo inesperado como la danza contemporánea. Déjate llevar y siéntete libre mientras sigues el ritmo.

EJERCICIO CREATIVO

Pon en marcha tu lista de reproducción y dibuja lo primero que se te ocurra. Tal vez un par de zapatos de baile o una copa de martini. Podría ser algo imaginativo. Sea lo que sea, inspírate, levántate y *baila*.

Intenta hacerlo una vez al día y luego reflexiona sobre cómo te sientes después de expresarte de esta manera. ¿Eres más feliz? ¿Te sientes más suelta, más relajada? Haz lo que te haga sentir bien y quizás luego añadas más canciones para bailar cada día.

Conclusiones

Integrar la danza en tu vida aumenta la felicidad general y, reconozcámoslo, es una gran práctica. Empieza a hacerlo cada día y disfruta de la práctica interior de dejarte llevar.

Capítulo dieciséis

Conviértete en tu propia esteticista

Los días de spa son sinónimo de autocuidado, y por una buena razón. Son momentos para mimarse de la cabeza a los pies y cultivar el amor propio, aliviar el estrés y crear paz mental. ¿Y lo mejor? No es necesario gastar mucho dinero para disfrutar de los beneficios de un spa. Puedes regalarte un día así desde la comodidad de tu casa y mejorar toda la experiencia. No tienes que preocuparte de nada más que de ti misma y de tu bienestar.

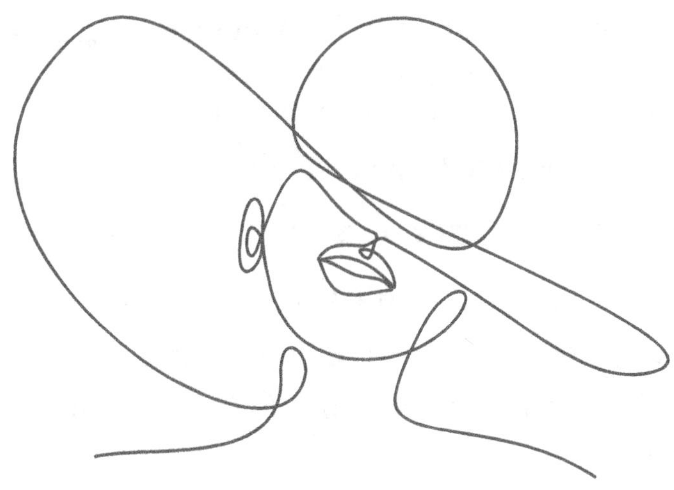

PONLO EN PRÁCTICA

Regálate un día de relax sola en casa. Echa un vistazo a algunas de estas ideas:

- Disfruta de un largo y lujoso baño. Añade un buen baño de burbujas al agua, enciende una vela, trae una revista o una canción relajante. Antes de salir de la bañera, lávate el pelo y aplícate un tratamiento de bricolaje.

Tratamiento de acondicionamiento profundo

- Un aguacate maduro, triturado
- Una taza de leche de coco
- Una cucharada de miel y aceite de oliva
- Dos gotas de aceite del árbol del té

Mezclar todos los ingredientes. Aplícalo sobre el cabello y déjalo reposar durante 10-15 minutos antes de aclararlo.

- Crea también un tratamiento facial hidratante con dos cucharadas de yogur blanco, una cucharadita de miel y un chorrito de zumo de limón. A continuación, continúa con una crema hidratante nutritiva, un exfoliante labial a base de azúcar, miel y aceite de oliva, y un sérum facial.

- Lima tus uñas, arréglate las cejas y utiliza una crema hidratante perfumada. Relájate durante unas horas en tu albornoz. Estos pequeños actos de autocuidado tienen resultados increíbles.

EJERCICIO CREATIVO

Prueba a darte un masaje desde los dedos de los pies hasta el cuero cabelludo. Siente la fuerza de tus músculos mientras te comprometes y conectas contigo misma. Esto es lo que significa mimarse.

Conclusiones

La relajación es esencial para vivir la vida al máximo. Date tiempo y espacio para algo maravilloso como un "día de spa". Te lo mereces.

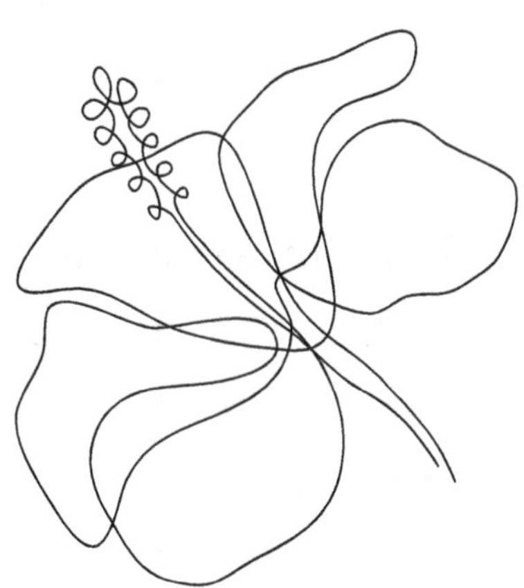

Capítulo diecisiete

Sé tu propia diseñadora de interiores

> "El hogar es la palabra más hermosa que existe.
> —*Laura Ingalls Wilder*"

Tener una habitación o un espacio para ti, aunque sea un rincón del salón, significa tener un lugar para pensar, relajarte, procesar tus emociones y sentirte inspirada. Todos necesitamos nuestro propio espacio, un lugar donde podamos ser simplemente nosotras mismas. No hay nadie que nos juzgue o nos haga daño. No hay nadie que nos diga lo que tenemos que hacer o nos dé más tareas. Este espacio debe ser un lugar al que puedas escapar cuando experimentes momentos de la vida demasiado difíciles.

Porque es para ti y está dedicado a ti, tu espacio personal debe reflejar quién eres, lo que esperas conseguir y la vida que has vivido. Al pasar tiempo en este lugar, puedes profundizar en tu autoestima, fijarte metas y rememorar buenos recuerdos. Es un lugar donde puedes darte aún más amor.

PONLO EN PRÁCTICA

Elige un espacio dentro de tu casa que puedas llamar "mío", incluso si vives sola.

- Puede ser un rincón del salón, el tocador del dormitorio o un lugar en el jardín.
- Selecciona algunos artículos, como un cojín, en el color que prefieras.

- Incluye pequeños toques que estimulen la relajación y la creatividad, como velas, aceites esenciales, rosarios, lo que quieras. Puedes comprar nuevas o utilizar las que ya tienes.

- Incluye objetos significativos, como una estatuilla que recogiste en un viaje o ese juego de sujetalibros que recibiste como regalo.

- Decora las paredes con obras de arte, fotografías o citas que tengan un significado para ti o evocan un recuerdo maravilloso.

- Complementa esto con una planta o un arreglo floral que te guste para embellecer el espacio y recordarte el vínculo entre el cuidado amoroso y el crecimiento.

¿Necesitas más ideas? Echa un vistazo a algunos blogs o páginas web de decoración para obtener consejos sobre cómo renovar los espacios pequeños. El objetivo es crear una especie de santuario en el que puedas soltarte, recargarte, inspirarte o simplemente ser tú misma.

EJERCICIO CREATIVO

Diseña tu salón, dormitorio, baño o cocina ideal. Concéntrate en los detalles, desde las plantas hasta los recuerdos, que lo harán completamente tuya. Utiliza colores que estén en sintonía contigo. Añade cualquier nueva inspiración que recibas.

Conclusiones

Joseph Campbell lo llamó un lugar de "incubación humana". Virginia Woolf la llamó "habitación propia". Puedes llamarlo tu "refugio". Sea cual sea el nombre, tu espacio es ese lugar que todas necesitamos para escapar y ser nosotras mismas.

Capítulo dieciocho

Sé tu propia fuente de esperanza

> La esperanza y el miedo no pueden ocupar el mismo espacio. Invita a uno a quedarse.
> —*Maya Angelou*

Ceder al miedo puede ser una reacción humana normal, pero superar ese miedo puede hacernos sentir aún mejor. Aunque los amigos, la familia y los mentores pueden darte esperanza, siempre debes mantener la fe en tu corazón.

La esperanza es tan especial que, además del amor, es una de las muchas cosas que los músicos cantan, los artistas pintan y los escritores escriben. Es una

emoción humana tan increíble y poderosa que puede convertir literalmente una mala situación en algo agradable, mostrándonos la luz al final del túnel.

Con esperanza y paciencia podemos salir de una situación difícil. Esto se debe a que nos dan seguridad y alimentan nuestra imaginación. Es una forma de mantener una luz encendida, aunque todo alrededor parezca oscuro. Y todo esto puede salir de *tu* interior.

PONLO EN PRÁCTICA

Mira hacia atrás en tu vida y piensa en tres momentos concretos en los que la esperanza te haya ayudado. Quizás la superación de un problema en una relación importante, la resistencia que encontraste durante un momento de dolor o la fe que tuviste al saber que los sentimientos negativos se desvanecen. Escribe libremente en tu diario sobre estos momentos y cómo te han fortalecido.

Cuando las cosas empiezan a ir mal, es importante tener un punto de referencia. Utiliza estas anotaciones en el diario para recordar lo fuerte que fuiste y que lo superaste.

Ejercicio creativo

Selecciona una imagen que siempre te dé esperanza. No tengas miedo de recurrir a los clásicos como una flor, un signo de la paz, el símbolo del infinito o un loto. Añade al diseño palabras que te animen. Puedes crear un cuadro para enmarcarlo y colgarlo para recordarte que siempre debes mantener la esperanza.

Conclusiones

Encontrar la esperanza desde dentro favorece el desarrollo de la resiliencia y la independencia. Así es como se encuentra la luz en el camino en tiempos difíciles. La esperanza es como un faro que sigue brillando.

Capítulo diecinueve

Sé tu propia voz de la razón

> Una mujer fuerte entiende que dones como la lógica, la decisión y la fuerza son tan femeninos como la intuición y la conexión emocional.
> —Nancy Rathburn

Se ha demostrado que aspirar a la felicidad perpetua no solo es poco realista, sino también peligroso. Cuando miras el lado bueno para evitar la verdad o asumir una falsa felicidad, esa práctica puede impedirte procesar tus emociones y experimentar un verdadero crecimiento. Esto da lugar a una acumulación de dolor que puede llevar a perder el control de tu vida.

También ocurre lo contrario. Si te aferras a pensamientos y emociones sombrías, pueden hacerte sentir infeliz.

Una forma de encontrar el equilibrio entre estos dos extremos es recurrir a la lógica y la razón cuando se trata de emociones angustiosas y pensamientos negativos. También conocida como reencuadre cognitivo, esta práctica te reta a no ver el lado bueno, per se, sino a ver la situación desde una perspectiva más racional. Algunas personas llaman a esta práctica "cambio de objetivos".

A través de tu nuevo enfoque, puedes evitar caer en la vergüenza, la culpa, la ira, el arrepentimiento y el dolor y acercarte a un punto más seguro y estable.

PONLO EN PRÁCTICA

Cuando te enfrentes a un pensamiento incómodo o a una emoción angustiosa, aléjate de tu mente y considera tus ideas y sentimientos desde una perspectiva más objetiva.

- ¿Cómo te hace sentir esta línea de pensamiento?

....

....

- ¿Qué opinas de estos pensamientos en general (por ejemplo, odio que me machaque a mí mismo)?

....

....

- Anota tu respuesta y, a continuación, prueba el método denominado "caminar por ahí". Escribe otras tres posibles perspectivas de la situación. ¿De qué otra manera podrías ver este problema? ¿Qué vería alguien que está a tu lado, detrás de ti o que te observa desde lejos?

....

....

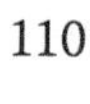

- Entonces, practica lo que Patanjali llamó "prati-paksha-bhavana" en los *Yoga Sutras*, es decir, cultivar el pensamiento opuesto. Por ejemplo, si cometes un error en el trabajo, refórmalo como una oportunidad. Ahora, ¿cómo te contarías esta historia? Escríbelo y luego léelo en voz alta para ti misma.

....

....

EJERCICIO CREATIVO

Con bolígrafos o lápices de colores, crea un arco iris empezando por la emoción más intensa y el color correspondiente. El rojo, por ejemplo, para representar la ira. Utiliza tonos más claros para llegar al color, o al estado emocional, que deseas.

He aquí algunas ideas:

- El rojo atrae sentimientos de excitación y fuerza

- El azul evoca sentimientos de competencia

- El rosa fomenta un comportamiento más dulce y amable

- El púrpura despierta la ambición y la espiritualidad
- El naranja apoya la confianza

Conclusiones

Evita la trampa de la negatividad observando tus pensamientos y emociones desde un nuevo punto de vista más racional. Todos necesitamos la voz de la razón de vez en cuando. Sé tú misma y aprende a encontrar nuevas perspectivas cuando te enfrentes a una situación difícil.

Capítulo veinte

Conviértete en tu admirador

Estamos acostumbradas a admirar a los demás. Siempre que conocemos a alguien con una gran habilidad o una personalidad maravillosa, lo admiramos. Puede ser muy fácil convertir esa admiración en celos o comparar a otras personas con nosotras mismas. A veces, admirar a los demás puede ayudarte a estar a la altura de tu potencial, que, por cierto, es infinito. Cada vez que te paras a admirarte, refuerzas un comportamiento saludable y

enriqueces tu confianza en ti misma. Admirarse a sí misma aleja esa molesta insatisfacción que proviene de la comparación excesiva.

La admiración de una misma puede verse de forma negativa. A los ojos de algunas personas, especialmente las que ya tienen problemas de confianza en sí mismas, puedes parecer arrogante. Pero no es el caso en absoluto. Por supuesto, a veces hay quien exagera, pero muy a menudo nos olvidamos de sentir admiración por nosotras mismas.

Aquí es donde surge el problema. ¿Cómo vas a cumplir tus sueños, tener relaciones maravillosas y conseguir lo que quieres de la vida, si primero no te quieres a ti misma y admiras lo que tienes que ofrecer? Todos tenemos algo único en nosotras, pero si no sabes por dónde empezar, elige algo pequeño. Por ejemplo, puedes ser buena limpiando la cocina o acordándote siempre de felicitar a tus amigos por su cumpleaños. Esos pequeños cumplidos diarios son una gran manera de empezar a ser amable con una misma.

PONLO EN PRÁCTICA

Trátate como lo harías con un admirador secreto. Cómprate un ramo de flores o haz otro gesto de admiración hacia ti. Da un paseo, cómprate un helado o unos bombones.

Envíate a ti misma un mensaje de felicitación por un trabajo bien hecho, una nota adhesiva sobre un problema que hayas superado o una cualidad que admires. Guárdalo en un lugar que puedas ver a menudo, ya sea en tu cajón de la ropa interior o en tu mesilla de noche.

Agradece que seas así.

EJERCICIO CREATIVO

Selecciona tres adjetivos que describan tus características más importantes y, a continuación, haz un dibujo junto a ellos. ¿Qué opinas de estas características? Empieza a mirarte con nuevos ojos: los ojos de un admirador.

Conclusiones

La admiración no es algo malo. Se trata de tomarse el tiempo para ver lo que podemos ofrecer al mundo. Porque todo el mundo tiene algo. No dejes que nadie te impida apreciar lo que eres.

Conclusión

Hay tanta belleza y libertad en ser una misma. Sé que el mundo intenta contarnos una historia diferente, intenta que tengamos un aspecto determinado, que actuemos de una manera determinada o que tengamos ciertas habilidades para que se nos considere personas valiosas. Esos mensajes del mundo son constantes, por lo que puede ser muy fácil creerlos.

Pero este libro pretende hacerte ver quién eres y lo mucho que tienes que ofrecer al mundo de una manera diferente. Sólo tienes que ignorar esos mensajes que recibes constantemente y puedes hacerlo desarrollando el poder del amor propio.

Tú eres tú, una persona única con habilidades y características como ninguna otra. ¿Por qué no aprovechas esas singularidades desarrollando la confianza en ti misma cada día?

Quiérete a ti misma y aprende más sobre en quién te estás convirtiendo:

- tu musa
- el que te escucha
- tu sabio y amoroso progenitor
- tu cita
- tu chef personal
- tu amante
- tu fuente de luz
- la favorita del profesor
- tu manitas
- tu gestor financiero
- tu agente de reservas
- tu apoyo
- tu entrenador
- tu estilista
- tu pareja de baile
- tu esteticista
- tu diseñadora de interiores
- tu fuente de esperanza
- tu voz de la razón
- tu admirador

Aunque no te interesen todos los aspectos de estas actividades, puedes aprender mucho sobre ti misma desempeñando todos estos papeles diferentes en tu vida. De este modo, comprenderás tanto tus puntos débiles como tus puntos fuertes y podrás crear una vida más satisfactoria y feliz. Pero recuerda que siempre debes quererte a ti misma. Eres la única persona en este planeta que puede ser tú y este conocimiento es maravilloso.

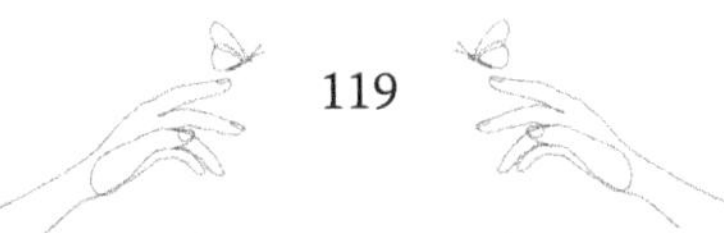

Contenido adicional
Nuestros Regalos para ti

Suscríbete a nuestro boletín y recibe estos materiales gratuitos

www.specialartbooks.com/free-materials/

Síguenos en:

Instagram: @specialart_books

Grupo de Facebook: Special Art Books

Página web: www.specialartbooks.com

Impressum

Para preguntas, comentarios y sugerencias:

support@specialartbooks.com

Nina Madsen, Special Art

Copyright © 2023

www.specialartbooks.com

Imágenes por © Shutterstock